A. J. Zitterbart

Durch dick und dünn.

Kriegsrezepte

(k)ein Kochbuch

Telescope Verlag

Impressum

1. Auflage: November 2019

www.telescope-verlag.de

Zeichnungen: Susanne Natzel

ISBN: 978-3-95915-048-4
Preis: 12,00 Euro

Menschen, die sich trotz der Belastung
eines Arbeitstages nicht von der
Nahrungsmittelindustrie einlullen lassen
und versuchen, für sich und ihre Familie
immer frisch zu kochen,
das sind die wahren Helden unserer Zeit!

Vorwort

Das Kapital entsorgt, obwohl Marx aktueller ist denn je. Vom Finanzgeschmeiß auf die politische Ökonomie des Kapitalismus eingeschworen. Eine Gesellschaft die ausschließlich auf Konsum basiert. Doch wer ist überhaupt noch in der Lage zu konsumieren?

Das Prekariat?

Wohl kaum. War es nie so richtig.

Die Mittelschicht? Ist gerade im Begriff aufzuweichen.

Tut sich schwer. Hat Angst, in den Abwärtsstrudel zu geraten.

Ein Leben von der Hand in den Mund ist für viele Realität und nicht wenige sagen:

„Verdienen kann ich kaum noch etwas, ich muss halt einsparen."

Ressourcen und Geldbeutel schonen! Und beim Geld setzen Monsanto und Konsorten an. Machen angeblich die Nahrungsmittel billiger. Reden uns ein, dass nur Sie in der Lage sind, den Welthunger zu bekämpfen. Reden uns ein, dass das nur mit genetisch veränderten Pflanzen geht. Sicher wären die in kürzester Zeit in der Lage, unsere jahrhunderte alten Nutzpflanzen genetisch so zu verändern, dass wir zehnmal mehr ernten als heute. Obwohl das völlig unnütz ist, könnten wir doch bereits heute die Welt satt bekommen. Alles eine Verteilungsfrage! Alles eine Wegwerffrage! Alles eine Profitfrage! Können wir uns unabhängig machen von den Fertiggerichtaufschwatzern? Unabhängig von den Eliten unserer Gesellschaft, den Printmedien, Fernsehen, Radio, dem Nachbarn? Wir sollten wieder selbst bestimmen was wir essen! Sie glauben das machen Sie bereits?

Was essen wir für Brot? Was steht auf der Zutatenliste? Vor vierzig Jahren wurde am Nachmittag vor dem Backtag der Sauerteig eingebracht und in der Nacht darauf konnte dann das Brot gebacken werden. Diese Zeit ist nötig, um ein Brot herzustellen. Mehl, Sauerteig, Wasser, Salz. Vielleicht noch etwas Hefe. Mehr ist für ein gutes Brot nicht notwendig. Doch heute wird größtenteils anders gebacken. Egal die Beschleuniger. Egal die Konservierer. Egal die Farbstoffe. Wie erkenne ich eigentlich ein gutes Brot? Und da liegt das Problem. Man kann es nicht erkennen.

Wieder Essen kochen lernen?
Aus wenig bis nichts eine Mahlzeit fertigen können?
Bringen wir das nicht fertig, machen wir uns abhängig von der Nahrungsmittelindustrie. Doch in Notzeiten steht jeder alleine da, gibt es vielleicht keine Nahrungsproduzenten!

Was haben die Menschen im letzten Weltkrieg eigentlich gegessen? Wie haben Sie aus fast nichts Nahrung gemacht?
Wie haben sie den Mangel kompensiert?
Mir wird es mit meinem Essen heutzutage leicht gemacht. Wenn ich Tomaten essen möchte, gehe ich in den Supermarkt. Wenn ich Brot essen möchte, gehe ich in den Supermarkt. Wenn ich Rosinen essen möchte, gehe ich in den Supermarkt. Fast zu jeder Tages- und Nachtzeit ist alles, was ich benötige, verfügbar.
Doch was mache ich, wenn ich Tomaten, Brot und Rosinen essen möchte und es gibt keine Supermärkte mehr?
Genau das erleben wir immer wieder. Doch zu unserm großen Glück betrifft das derzeit noch Regionen außerhalb Europas. Noch!
Das ihnen vorliegende Buch beschreibt eine kleine Auswahl von Gerichten, die in Deutschland während und nach dem zweiten Weltkrieg gekocht wurden, um etwas Normalität in den harten Alltag zu zaubern. Meine Recherchen zeigen mit wieviel Einfallsreichtum, Originalität und Kreativität die Menschen gegen den Hunger angekämpft haben. Lassen Sie sich entführen in eine Zeit in der den Menschen alles abverlangt wurde, in eine Zeit die soweit zurückliegt und dennoch näher ist als wir glauben.

Inhaltsverzeichnis

Suppen und Einlagen

Tomaten brauchen keinen Kühlschrank. Lagert man Sie bei 13-18 Grad, sind sie noch 14 Tage nach dem Einkauf saftig, geschmacklich frisch und gesund. Werden Tomaten hingegen kühl gelagert, verlieren Sie schnell den Geschmack und ihre Haltbarkeit.
Die reifen Tomaten verströmen während ihrer Lagerung das Gas Ethen. Das treibt den Reifeprozeß von Früchten voran. Deshalb lagert man Tomaten am besten separat.

Tomateneintopf

50g	Schinkenspeck
	(Der Schinkenspeck darf fehlen.)
2	Zwiebeln
100g	Hackfleisch, wenn vorhanden
	(Das Hackfleisch darf auch fehlen.)
1kg	Tomaten
1kg	Kartoffeln
	zum abschmecken etwas Salz

Waschen Sie die Kartoffeln sorgfältig und kochen Sie diese mit der Schale (Pellkartoffeln). Nutzen Sie dafür die kleinsten, die Sie finden können. Schälen Sie diese.

Schneiden Sie die Kartoffeln in Scheiben oder mittelgroße Würfel. Wer eine etwas dickere Suppe essen möchte, benutzt zum Zerkleinern der Kartoffeln ein feines Reibeeisen (etwas größer als die Muskatnussreibe).
Schneiden Sie den Speck und die Zwiebeln in kleine Würfel.
Lassen Sie den Speck aus.
Braten Sie die zerhackten Zwiebeln im ausgelassenen Fett, bis diese glasig sind (leicht durchsichtig).
Falls Sie Hackfleisch haben, geben Sie es zur Zwiebel und braten dieses ordentlich an.
Schneiden Sie die Tomaten in Würfel, geben Sie diese mit in den Topf und schmoren Sie alles gar.

Geben Sie die Kartoffeln dazu. Wenn Sie etwas saure Milch und Salz haben, schmecken Sie den Tomatentopf damit ab. (Da die Milch früher unbehandelt war, wurde sie, gewollt oder ungewollt, schon mal sauer. Manch einer kennt das heutzutage bei warmer schwüler Witterung mit Bio-Frischmilch.)

Süße Haferflockensuppe

1 ½ L	Wasser
40g	Haferflocken
10-12	Backpflaumen
	Salz
	Zitronenschale oder Pfirsichblätter

Lassen Sie die hauchdünn abgeschälte Schale einer Zitrone oder die Pfirsichblätter fünf Minuten kochen.

Geben Sie die Haferflocken dazu und kochen Sie diese gar. Zum Schluss geben Sie die klein geschnittenen Backpflaumen dazu und schmecken die Suppe noch mit Salz ab.

Gefreiter Hans W. (Feldpost Stalingrad):

„...Hab gestern aus der Verpflegungstasche eines erschossenen Iwan ein wenig Weizen und etwas Zucker genommen, alles in einen zerbeulten Topf gegeben, Schnee dazu und auf unseren Dreibock übers Feuer gestellt.
Das Köcheln der Suppe schickte meine Gedanken zu dir, liebe Mutter. Ich stand an unserem Herd und schaute Dir beim Kochen zu. Was würde ich nicht alles für einen Teller voll süßer Haferflockensuppe geben....“

Falsche Krebssuppe

ca 450g	Möhren
1 mgr.	Zwiebel
1 kl.	Sellerieknolle
2 Eßl.	Tomatenmark oder
4-5	Tomaten
	Salz
	Zucker

Kochen Sie das Gemüse gar und drehen Sie es durch den Wolf. Natürlich können Sie es auch durch ein Sieb rühren. Stellen Sie eine helle Grundsuppe her und füllen diese mit der durchgerührten Masse auf.
Als letztes schmecken Sie noch mit etwas Salz und Zucker ab.

Herbert Stürmer: „Im Krieg war ich auf der Insel Rügen stationiert. Ich war damals noch ein junger Bursche, sah aber nach unserem dreiwöchigem Waldmanöver schmutzig, unrasiert und zottelig aus. Wir sollten tags darauf an die Ostfront. Unser Feldwebel fragte mich, ob ich der Stürmer mit den sieben Kindern sei. Ich sagte erst mal ja, weil ich ihn nicht richtig verstand und wir eh auf „JAWOLL" getrimmt wurden. Tags darauf wurde ich nach Italien versetzt, um die kämpfende Truppe mit Nahrung zu versorgen. Ich hatte zweihundert Eimer unter mir. War für die Verpflegung verantwortlich. Damals habe ich mich von Polenta oder Brot, Oliveröl und Tomaten ernährt. Wunderbar. Manchmal war auch eine Katze dabei."

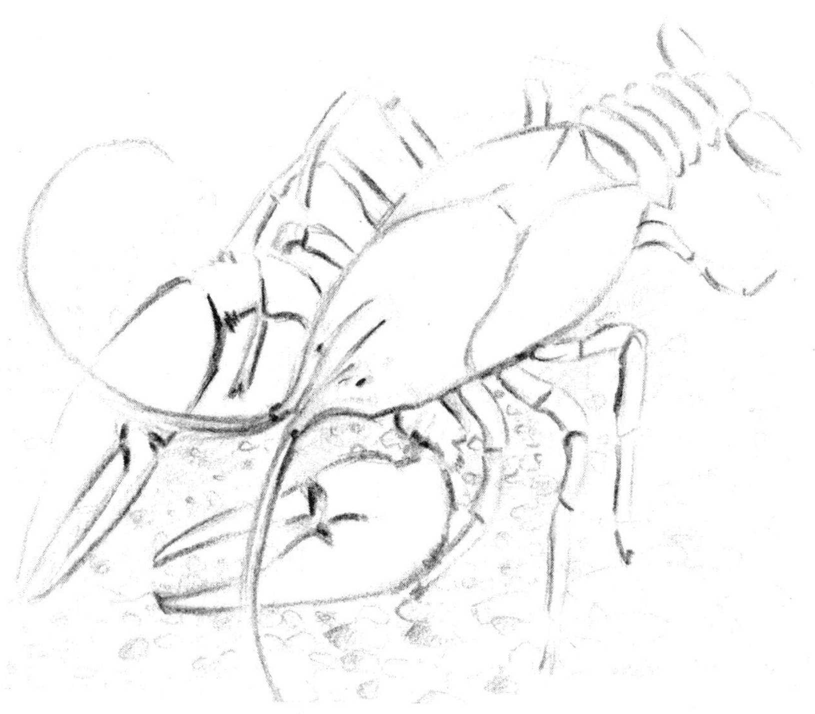

Falsche Ochsenschwanzsuppe

1l Brühe
80g Roggenmehl
1-2 Möhren
Sellerie- oder Kohlrabiblätter
Salz
Knochen vom Rind oder Schwein
Kaninchen oder Huhn

Herstellen der Brühe:
Geben Sie die Blätter, Möhren, Knochen und etwas Salz in einen Topf und füllen Sie alles mit einem Liter Wasser auf. Kochen Sie die Zutaten, bis das Fleisch von den Knochen fällt. Zuletzt gießen Sie alles durch ein Sieb. Jetzt haben Sie eine gute Brühe.
Sollten Sie diese einen Tag früher vorbereiten, achten Sie bitte darauf, dass beim Erkalten der Brühe der Deckel den Topf nicht ganz abdeckt. Die Brühe wird sonst sauer.
Wenn Brühwürfel vorrätig sind, können Sie diese nutzen.

Rösten Sie das Mehl trocken an. Sieben Sie es unter Rühren in die kochende Brühe. Zuletzt schmecken Sie noch ein wenig mit Salz ab.

Horst Jahn: „Auf dem Feld angebauter Roggen lässt den Acker regenerieren."

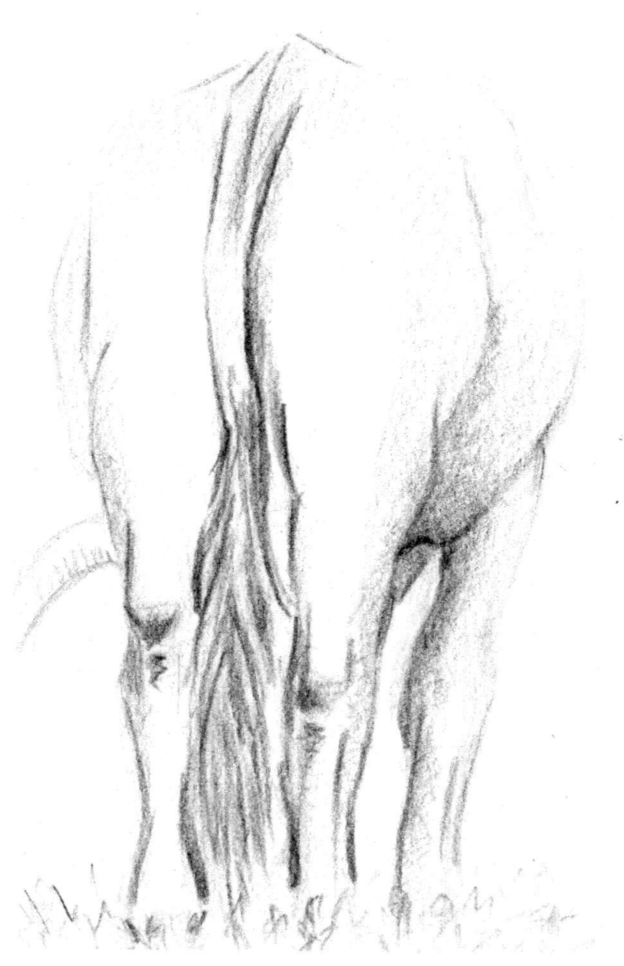

Grießklößchen

¼ L Kuhmilch (reichlich)
25g Butter
125g Gries
1 Ei
Salz

Den Grieß unter Rühren hineingeben, bis sich ein fester Kloß bildet. Den Kloß vom Feuer nehmen, ein wenig abkühlen lassen und das Ei gut darin verrühren. Dann stechen Sie kleine Klößchen ab und geben diese in kochendes Salzwasser. Der Topf bleibt ohne Deckel. Lassen Sie die Klößchen im köchelnden Wasser garziehen und geben diese als Beilage in eine Suppe oder einen Eintopf.

~

Emma Kahmann (geb. in Tilsit)
Johanna Thiel (geb. in Königsberg)
Die beiden Frauen begegneten sich auf der Flucht und blieben zusammen, bis sie in Audenhain, ihrem ungeplanten Zielort, ankamen. Einmal in der Woche holten sie mit einem zerbeulten Aluminiumkrug frische Kuhmilch vom Nachbarn. Trotz Aufkochen hielt sich die Milch nicht so lange wie heute.* Wenn die Milch sauer wurde, entsorgten sie diese nicht, sondern ließen sie dick werden und verarbeiteten die dicke Milch dann in der Küche.

*Heute wird die Kuhmilch homogenisiert. Das heißt: Es wird maschinell so lange auf die Milch eingeprügelt, bis Eiweiß und Fett getrennte Wege gehen. Danach werden beide Komponenten wieder zusammengefügt und als Milch verkauft. Der Vorteil; Es gibt keine Klümpchen mehr. Der Nachteil: Unser Körper erkennt das zusammengewürfelte Etwas nicht.
Kochen Sie die Milch, die Butter und eine Prise Salz auf.

Eintopf- und Kartoffelgerichte

Lauchnudeln

375g	Nudeln
30g	Fett
2 Eßl	Haferflocken
1 Eßl	Semmelmehl
¼ L	Milch
5gr. Stg.	Porree
1	Ei

Kochen Sie die Nudeln im Salzwasser gar (ca. 3 min.) und schrecken diese danach ab.

Schneiden Sie die Porreestangen in dünne Scheiben und dünsten Sie diese im Fett an. Als Fettigkeit bietet sich Schweinefett, Butter wenn vorhanden, Pflanzenöl wenn vorhanden oder Margarine an.

Geben Sie die Nudeln und die angedünsteten Porreestangen schichtweise und abwechselnd in eine Auflaufform .

Verquirlen Sie das Ei und die Haferflocken ordentlich mit der Milch. Nun wird die Flüssigkeit gleichmäßig über den in der Auflaufform befindlichen Zutaten verteilt.

Zum Schluss streuseln Sie noch die Haferflocken obenauf und geben die Auflaufform für ca. 45 min. in den Herd.

Reduzieren Sie das Feuer soweit, dass Sie eine gute Mittelhitze in der Ofenröhre erreichen.

~

In Mitteleuropa benutzt man eher den Eier- oder Hartweizengrieß.

Die Shirataki-Nudel aus Japan besteht fast nur aus Wasser und ballaststoffreichem Konjakmehl. Deshalb haben 100g davon auch nur 5 Kalorien. Im Vergleich dazu hat dieselbe Menge Hartweizengrieß 350 Kalorien.

Sauerkrautauflauf

1kg Kartoffeln
600g Sauerkraut
100g Knackwurst
¼ L Milch (wenn nicht vorhanden dann Wasser)
Semmelmehl

Kochen Sie die Kartoffeln gar und zerdrücken Sie diese mit dem Stampfer unter Hinzugabe der Milch (Wasser) zu Brei.
Schneiden Sie die Wurst in kleine Würfel. Je weniger Wurst Sie haben, umso kleiner würfeln Sie diese.
Schichten Sie den Kartoffelbrei, das Sauerkraut und die fein gewürfelte Wurst in eine Auflaufform. Beginnen Sie mit dem Kraut. Haben Sie wenig Wurst, rühren Sie diese unter den Brei.
Auf den Kartoffelbrei streuen Sie das Semmelmehl und backen alles für etwa eine halbe Stunde im Herd.

Werner Jahn: „Die Kartoffelernte war gut, wenn sie die Stecklinge um das Zehnfache übertraf. Im Krieg wurden die Steckkartoffeln halbiert. Das hat auch ganz gut funktioniert.
Einige haben sogar versucht ein Stück dicke Schale statt einer Kartoffel zu stecken".

Warmer Kartoffelkrautsalat

1kg	Pellkartoffeln
250g	Weißkohl (roh)
30g	Mehl
30g	Speck
½ L	Wasser
1	Zwiebel oder Lauch
	Senf
	Zucker
	Salz

Kochen Sie die Kartoffeln halb gar und schieben dann den Topf von der Mitte des Herdes an den Rand. Dort können sie fertig garen und bleiben für das weitere Verarbeiten heiß. Hobeln Sie den Kohl fein. Kochen Sie das Wasser und binden Sie darin das Mehl.
Das funktioniert wie folgt:
Schöpfen Sie dazu ¼ Tasse heißen Wassers aus dem Topf und verquirlen darin gut das Mehl. Achten Sie darauf, dass sich keine Klümpchen bilden. Rühren Sie die mit Mehl angedickte Flüssigkeit langsam in das kochende Wasser und schmecken Sie diese gut mit Senf und Salz ab. Eine Priese Zucker hebt den Geschmack. Dies gilt für alle Speisen. Nehmen Sie nun den Topf von der Mitte und halten Sie ihn an der Seite des Herdes heiß. Lassen Sie den Inhalt nicht weiter kochen.

Dünsten Sie den gewürfelten Speck und die ebenfalls gewürfelte Zwiebel. Beides bleibt heiß.
Schälen Sie nun die Kartoffeln und schneiden Sie diese in Scheiben. Mischen Sie den Kohl unter.
Nun heben Sie zuerst den Speck und die Zwiebeln, danach sanft noch die heißen Kartoffeln und den Kohl unter.

Günther Ohlsen: „Ich erinnere mich an die Zeit während unserer Flucht nur noch daran, dass das Brot als unser einziges Nahrungsmittel mit einer dünnen Scheibe Speck für uns vier Kinder aufgepeppt wurde. Jeder bekam pro Mahlzeit eine Scheibe Brot. Wer von seinem Brot abgebissen hatte, durfte einige Sekunden an einer dünnen Scheibe Speck lutschen. Seit mein kleiner Bruder diese aus Versehen verschluckte, wurde der Speck an einen Faden gebunden, um ihn gut wieder herausziehen zu können. Mit dem letzten Bissen des Brotes durften wir die geviertelte Scheibe Speck essen. Noch heute liebe ich trocken Brot mit einer dünnen Scheibe geräucherten Specks und etwas Zwiebel".

Möhrengemüsetopf

1kg Möhren
1kl. Zwiebel
etwas Petersilie
1kg Kartoffeln
100g Fleisch (ersatzweise 1-2 Brühwürfel)

Sollte Fett am Fleisch sein, schneiden Sie es ab und legen es beiseite. Es wird später noch gebraucht.
Würfeln Sie das magere Fleisch und kochen Sie dieses ½ Stunde vor. Schneiden Sie nun das fette Fleisch in kleine Würfelchen und braten damit die ebenfalls gewürfelte Zwiebel an. Es reicht, wenn die Zwiebel gläsrig scheint. Sollten Sie kein Fleisch haben, braten Sie eine Hälfte der Zwiebel scharf an. Das gibt eine rauchige Note. Hierbei hilft etwas Butter oder Margarine. Es funktioniert allerdings auch ohne beides. Eine Alternative dazu ist das Halbieren der Zwiebel. Die Schnittflächen werden dann solange auf die heiße Herdplatte gelegt, bis sie fast verbrennen. Dies gibt, wenn Sie die Zwiebel wie beschrieben weiterverarbeiten, ebenfalls eine rauchige Note.
Kochen Sie alles gar und geben Sie zum Schluss die Petersilie bei.

Marie Stürmer: „Ich fand am Gartenzaun eine angebissene Zwiebel. Das Lauch fehlte. In der Reihe, welche dem Gartenzaun am nächsten war, fehlten einige Zwiebeln. Nachts darauf legte ich mich auf die Lauer. Ein Reh fraß ein Drittel meiner Zwiebelernte. Unglaublich".

Sauerkartoffeln

1kg	Kartoffeln
1	saure Gurke
1	Zwiebel oder etwas Lauch
3	Eßl. Mehl
30g	Fett
1L	Wasser
1	Brühwürfel
	Gemüse- oder Knochenbrühe
	Essig nach Geschmack

Würfeln Sie die Zwiebel und schwenken Sie diese, bis sie gold-gelb ist im Fett.

Pudern Sie das Mehl darüber und Sie stellen somit eine Schwitze her. Füllen Sie die Brühe auf und schmecken dann die Soße kräftig ab.

Legen Sie nun die gekochten und geschnittenen Kartoffeln nebst den Gurken hinein.

Eine Scheibe grüne Gurke am Gaumen wirkt gegen schlechten Atem. Sie trägt dazu bei, den Mund von geruchsbildenden Bakterien zu befreien. Laut Ayurveda-Lehre hilft der Verzehr von Gurken dabei, überschüssige Wärme im Magen zu beseitigen. Diese könnte auch ein Grund für schlechten Atem sein.

Gemüsefrikassee mit (oder ohne) Fleischklößchen

1kg	Gemüse (je nachdem was vorhanden ist)
⅛ L	Wasser
¾ L	Gemüsewasser
30g	Fett
60g	Mehl
	Zitrone, Muskat oder Salz, Zucker, Essig
1	Eigelb
1	Eiweiß
	etwas Hack vom Rind oder Schwein wenn vorhanden
2	Brötchen
400g	gekochte Kartoffeln, falls kein Fleisch vorhanden
	Kräuter

Das geputzte Gemüse in ein wenig Fett andünsten, dann Wasser auffüllen und gar kochen. Heben Sie das Gemüsewasser auf.
Die Fleischklößchen mit 2 Brötchen, Salz, Pfeffer wenn man hat, 1 Ei oder 1Teelöffel Mehl und Kräuter zu Bällchen formen und im Gemüsewasser etwa 10 min. gar ziehen lassen. Auch jetzt heben Sie das Kochwasser auf.
Fehlt das Fleisch, kochen Sie 200g Kartoffeln und reiben diese. Dann reiben Sie 200g rohe Kartoffeln. Geben Sie auch hier das Ei oder Mehl, Salz, Pfeffer und die Kräuter dazu und verfahren Sie wie mit den Fleischbällchen. Zum Schluss mischen Sie die Fleisch- oder Kartoffelbällchen unter die Möhren.
Das Gemüse- und Fleischklößchenkochwasser kann als Grundlage für eine Suppe dienen. Es geht auch gut zu trinken, denn es enthält wichtige Mineralien.

~

Ein Teil Muskatnuss, ein Teil Koriander und ein Teil Kreuzkümmel geben ein zwar nicht belegtes, aber in der Praxis relativ erfolgreiches Mittel gegen Arthrose. Jeden Tag zwei Messerspitzen mit etwas Wasser geschluckt wirken so entzündungshemmend, dass Schmerzmittel und Entzündungshemmer merklich reduziert werden können.

Tunken

Hackfleischtunke

10-20g	Wellfett

(Die Wurst wurde und wird auch heute noch gekocht. Früher geschah das im Waschkessel. Nach Erkalten der Wurstsuppe ließ sich das Wellfett gut abheben und von der Brühe trennen.)

100g	Hackfleisch oder Wurst
1	Zwiebel
½ L	Wasser oder Gemüsebrühe oder
¾ L	Wasser und
⅛ L	Buttermilch
40g	Mehl
	Tomatenmark (etwas)
1	Gurke
	Senf oder Paprika, Salz

Rösten Sie das Hackfleisch mit der Zwiebel an. Jetzt würfeln Sie die Gurke und geben diese dazu. Dann füllen Sie die Flüssigkeit auf und rühren das Mehl an. Zum Schluss schmecken Sie bitte alles herzhaft ab.

~

Die Wehrmacht und die Rote Armee waren im 2. Weltkrieg die einzigen Armeen, in denen es offiziell eine Einheitsverpflegung für Offiziere und Soldaten gab.

Natürlich gab es Offiziere, die sich dieser Anordnung wiedersetzten und ihren Rang nutzten, um in feinsten Speisen zu schwelgen, während das „Fußvolk" hungerte.

Kräftige Mayonnaise

1 L Wasser
160g Mehl
1 Ei
3 Eßl. Öl
Milch und Kräuter (ein wenig)
30g Fleisch
Äpfel (nach Geschmack)
Tomaten (nach Geschmack)
Gurken(nach Geschmack)

Rühren Sie das Mehl im Wasser an. Dies lässt sich einfacher gestalten, wenn Sie das Mehl vorher mit ca. ½ l Wasser im Topf aufquirlen bis es frei von Klumpen ist. Nun kochen Sie beides ¼ Stunde und stellen den Topf kalt. Dies machen Sie um das Stocken des Ei's zu verhindern.
Heben Sie jetzt das Ei, das Öl, etwas Milch und die Kräuter unter.
In diese Tunke geben Sie nun das feingewürfelte Fleisch, die Äpfel, die Tomaten und die Gurken.
Schmecken Sie alles mit Salz, Essig und Senf ab und servieren es am besten mit Pellkartoffeln.

~

Früher war das Essen von Enteneiern weit verbreitet. Diese sind größer als Hühnereier und haben riesige Dotter. Sie sind zum Backen gut zu gebrauchen. Die Schale eines Entenei's ist sehr fest. Wenn man das Ei ungebacken verzehren möchte, sollte man es mindestens neun Minuten kochen oder braten, dann sind alle Salmonellenkeime, die durch infizierte Enteneier übertragen werden könnten, abgetötet. Wobei braten sicher schwer werden wird. Kochen Sie das Ei gar.

Fleisch und Fleischersatz

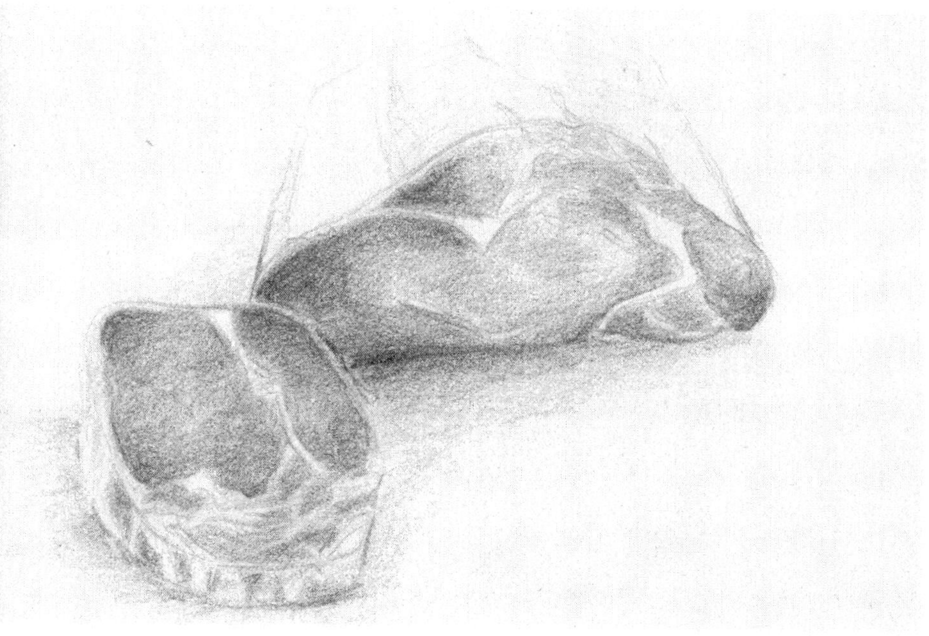

Beefsteak mit Haferflocken

150g	Rinderhack (Schabefleisch)
150g	Schweinehack
100g	Haferflocken
12 Eßl.	Wasser
1	Zwiebel (gerieben)
1 Teel.	Senf
	Salz
	Paprikapulver (wenn vorhanden)

Weichen Sie die Haferflocken ein und kneten Sie diese mit dem Fleisch, dem Wasser und der Zwiebel gut durch.
Wer ein Ei hat, gibt dieses dazu.
Schmecken Sie mit Salz, Paprika und Senf gut ab.
Zum Schluss formen Sie aus der Masse Fleischplätzchen und braten diese im Fett schön braun.

Haben Sie nicht soviel Fleisch zur Hand, füllen Sie das fehlende Hack mit Haferflocken oder Mehl auf.

~

Obst ist mehrjährig. Gemüse ist einjährig. Also ist die Paprika ein Gemüse.

Selleriebratlinge

4-6	Sellerieköpfe
6	Kartoffeln (mittelgroß)
30g	Speck
1	Ei
1 Eßl.	Mehl oder Semmelmehl
1	Zwiebel (sehr klein)
	Salz

Kochen Sie den Sellerie und die Kartoffeln gar. Drehen Sie beides durch den Fleischwolf. Sollten Sie keinen besitzen, reiben Sie beides relativ fein. Vermengen Sie alles und schmecken das Gemenge gut ab.
Zum Schluss formen Sie daraus Medaillons und braten diese gold-gelb.

Karl Karlowsky: „Selbst nach dem Krieg freute ich mich wie ein kleines Kind, wenn meine Frau eine Sellerieknolle in Scheiben schnitt, diese wie ein Schnitzel panierte und in der Pfanne briet."

Und ganz nebenbei hat Sellerie „negative" Kalorien. Es kostet mehr Kalorien, den Sellerie zu verdauen, als man durch ihn aufnimmt.

Schwartenfrikadellen

½ kg	Schwarten vom Schwein (Schweinehaut)
	saure Milch
1 Msp.	Natron
75g	Fleisch (wenn man hat, ansonsten ohne)
3	Eier
8	Brötchen
	etwas Semmelmehl
	Muskat
	Zwiebeln (nach Geschmack)
	Salz

Waschen Sie die Schwarten gründlich in kochendem Wasser. Weichen Sie dann diese 2 Tage in saurer Milch ein.
Danach waschen Sie die Milch mit warmem Wasser ab und setzen dann die Schwarten mit kaltem Wasser und einer Messerspitze Natron an. Kochen Sie die Schwarten, bis sie weich sind.
Weichen Sie während dieser Zeit die Brötchen ein. Sollten Sie keine Brötchen haben, verwenden Sie Brot.
Wenn Sie mageres Fleisch besitzen, leiern Sie dieses mit der ebenfalls kalten Schwarte durch den Fleischwolf.
Würfeln Sie die Zwiebel sehr klein. Geben Sie die ausgedrückten Brötchen , die Eier, die Zwiebel, Muskat und etwas Salz zum Abschmecken zur durchgeleierten Schwarte und formen Sie kleine Fleischkügelchen (ca. 30-35 Stück).
Backen Sie die Klößchen schnell.

~

Natron oder aber Natriumbikarbonat zählt sicherlich zu den nützlichsten Substanzen der Erde. Kein Wunder also, dass die Pharmaindustrie es nicht gerne sieht, wenn jeder darüber Bescheid weiß. Ist es doch in Apotheken, Drogerien oder Supermärkten als Pulver um ein Vielfaches preiswerter zu erwerben. Sozusagen ein Medikament mit der gleichen Wirkung.
Ein Beispiel: Etwas Natron in die Schuhe gestreut unterbindet Fußgeruch.

Hülsenfruchtbratlinge

125g	Erbsen, Bohnen oder Linsen
125g	Kartoffeln
4 Eßl.	Mehl
	Fettigkeit (was vorrätig ist)
1	Ei
1	Zwiebel
2 Eßl.	Semmelmehl oder
½	Brötchen (eingeweicht)
	Salz, Pfeffer, Thymian, Majoran (nach Geschmack), Petersilie
	evtl. Pilze, wenn man hat

Kochen Sie die Kartoffeln. Kochen Sie die Hülsenfrüchte.
Lassen Sie die Kartoffeln erkalten und reiben Sie diese. Dünsten Sie die Zwiebel leicht an.
Wiegen Sie die Pilze mit dem Wiegemesser klein.
Rühren Sie die Hülsenfrüchte durch ein Sieb.
Mischen Sie alle Zutaten und formen Plätzchen.
Wenden Sie diese in Semmelmehl und braten sie dann gold-gelb.
Dazu kann man Milchkohl servieren.

~

Wenn Sie im Garten Bohnen und Erbsen ernten, reißen Sie nach dem letzten Pflücken die Pflanze nicht aus dem Boden, sondern schneiden die Stängel kurz über dem Erdboden ab, um die Wurzel im Boden zu belassen. Sie ist ein ausgezeichneter Stickstofflieferant. Die Pflanzen sammeln den Stickstoff aus der Luft und lagern diesen dann als kleine Knöllchen an den Wurzeln ein.

Falsche Leber (gedämpft)

200 ml	Hühner- oder Entenblut
30g	Fett
1	Zwiebel (mittelgroß)
1	Apfel (mittelgroß)
	Mehl (wenig)
	Salz
	Pfeffer, wenn man hat
	Majoran

In einen Schmortopf das Fett geben. Dazu die eingemehlte und feste Blutmasse.

Die gewürfelte Zwiebel und die Apfelringe geben wir ebenfalls mit in den Topf.

Nun lassen wir alles gardämpfen.

Das Gericht schmeckt besonders gut, wenn Sie Sauerkraut und Kartoffeln dazu reichen.

Bauernwissen:
In eine gute Tiegelwurst gehören sieben Sachen: Blut, Majoran, Pfeffer, Salz, Mehl, Speck und Milch.
Das Blut ohne Salz und Essig in eine Schüssel laufen lassen und einen Tag kalt stellen.

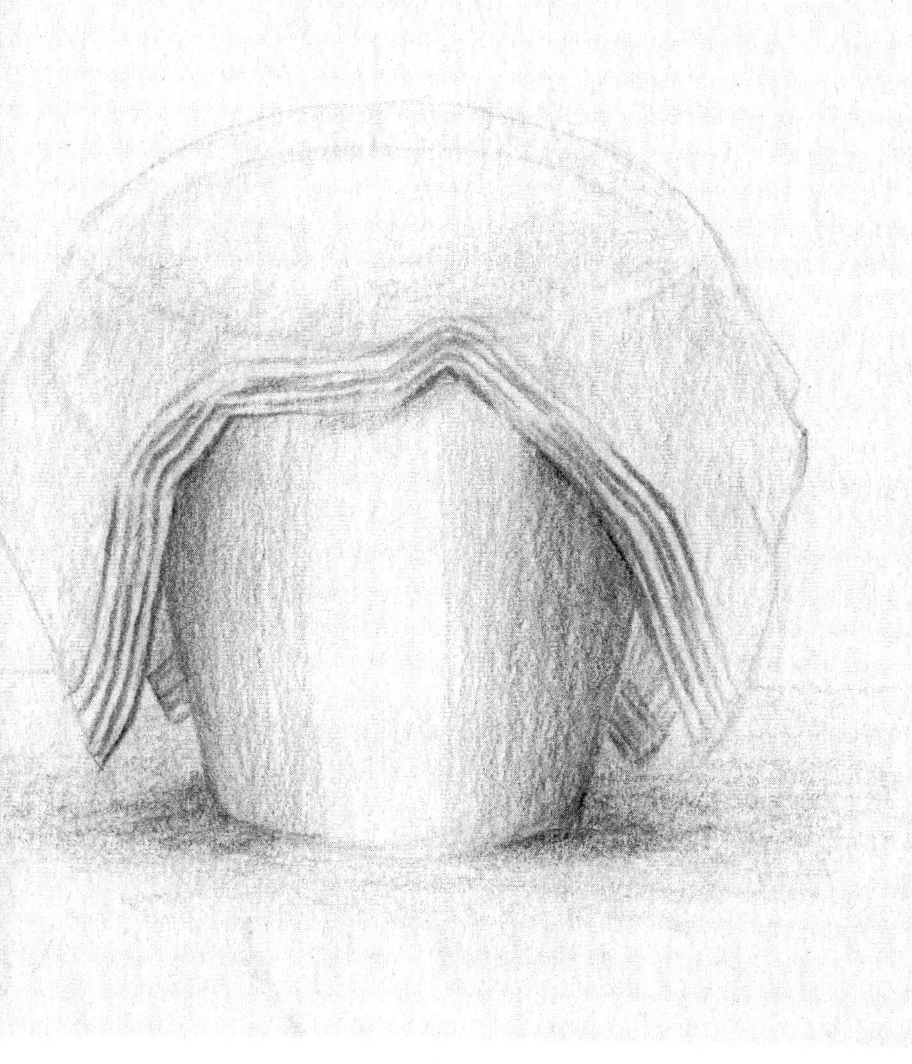

Gebratene Fleischklößchen

200g	Gehacktes vom Schwein oder Rind
120g	Kartoffeln
15g	Zwiebel
30g	Semmelmehl
20g	Fett
	Salz

Kochen Sie 100g Pellkartoffeln und stellen Sie diese kalt.
Reiben Sie die Pellkartoffeln wie auch die 20g rohen Kartoffeln.
Reiben Sie die Zwiebel.
Mischen Sie das Gehackte, die Kartoffeln und die Zwiebel gut durch.
Während Sie dies tun, schmecken Sie die Masse mit Salz ab.
Formen Sie daraus Klößchen und wälzen Sie diese im Semmelmehl.
Nun können Sie die Fleischklößchen sparsam braten, indem Sie das Fett in einer Pfanne heiß werden lassen und diese dann dicht voll legen.

~

Marta Haubold: „Im Krieg schickte man uns aus dem Lager Kriegsgefangene, die auf dem Feld halfen.
Bevor sie am Abend wieder abgeholt wurden, ließen wir Sie ihre Taschen und Hosenbeine mit Kartoffeln füllen. Ihre Kameraden im Lager waren doch auch hungrig. Als der Krieg dann vorbei war, schützten uns unsere ehemaligen Arbeiter vor den Repressalien der Russen“.

Weißbrotbratlinge
(Armer Ritter)

Brot
Ei
etwas Milch
etwas Fettigkeit
etwas Salz
etwas Pfeffer

Schlagen Sie ein Ei auf und quirlen Sie es in einer flachen Schüssel oder auf einem tiefen Teller. Das macht sich auf dem Teller wunderbar mit einer Gabel. Geben Sie etwas Milch hinzu (Verhältnis 1:1) und verrühren Sie dies. Wenn Sie möchten, schmecken Sie noch ab und tränken dann Brotscheiben (Weiß-Misch-Tost- oder Vollkornbrot ist hierbei völlig gleich, weil Geschmackssache). Lassen Sie das Brot so lange in der Tunke, bis es sich vollgesogen hat, wenden es gegebenenfalls und braten dieses dann in einer gefetteten Pfanne goldgelb oder knusprig. Das ist ebenfalls wieder Geschmackssache.

~

Galenos von Pergamon (131-202 n.Chr.): „Pfeffer ist gesund, denn das Gewürz kann beim Verzehr Verdauungsbeschwerden und Blähungen beseitigen".

Die moderne Medizin heute dagegen ist der Auffassung, dass zuviel Pfeffer ungesund ist. Im Magen kann er Sodbrennen auslösen. Wenn Sie nach dem Genuss von gepfefferten Essen Schmerzen hinter dem Brustbein verspüren, verzichten Sie auf Pfeffer.

Gemüse

Kürbisfrischkost

600g Kürbis
1 ½ Äpfel
Sellerie (wenig)
Zucker
Salz
Zitronensaft oder Essig
Zitronenschale

Raspeln Sie das Kürbisfleisch, die Äpfel und den Sellerie fein. Schmecken Sie alles mit Zucker, ein wenig geraspelter Zitronenschale ab, oder nehmen Sie ein wenig Zitronensaft bzw. Essig.
Geben Sie zum Schluss noch eine Prise Salz dazu.
Das hebt den Geschmack.

~

„Zucker ist Gift" (Robert Lustig, Universität San Francisco)
Was viele morgens schätzen, ist eine Schale Cornflakes mit Fruchtjoghurt. Doch was die wenigsten wissen, in einer 30g Schale Flakes stecken 4 St. Zucker. In 150g Fruchtjogurt sind es 6St. Zucker. Zehn Stück Zucker schon zum Frühstück!
Seit unserer frühesten Kindheit werden wir an Zucker gewöhnt, abhängig gemacht. Für die Nahrungsmittelindustrie ist das Gift in unserem Essen ein billiger Profitmaximierer. Deshalb verschleiern fast alle Produzenten in der Zutatenliste den Zucker. Andere Namen machen ihn für uns unsichtbar.

Spinat vom Zuckerrübenblatt

1kg	Zuckerrübenblätter oder Rippen (frisch, gut)
40g	Fett
1	Zwiebel (groß)
40g	Mehl
¼ L	Gemüsebrühe oder 1 Brühwürfel
¼ L	Frischmilch (entrahmt)
	Petersilie oder Dill, Salz

Drehen Sie die Zwiebel durch den Fleischwolf.
Lassen Sie die gewaschenen Rübenblätter oder Rippen in wenig kochendem Wasser zusammenfallen.
Drehen Sie diese dann durch den Wolf.
Dünsten Sie die durchgedrehte Zwiebel in einem Topf im Fett an.
Geben Sie die Rübenblätter hinzu und lassen Sie alles durchschwitzen.
Stäuben Sie das Mehl über.
Füllen Sie die Brühe auf und schmecken alles gut mit Salz, viel Petersilie oder etwas Dill ab.

~

Hermann B.: „Wir hatten ein Stück Feld in der Nähe eines Gefangenenlagers der Wehrmacht. Dort wurden russische Kriegsgefangene festgehalten. Jedesmal, wenn ich auf dem Weg nach Hause am Lagerzaun entlang fuhr und in die ausgemergelten Gesichter der Menschen hinter dem Zaun blickte, warf ich einige Zuckerrüben zu ihnen, obwohl dies streng verboten war. Eines Tages beobachteten mich zwei Soldaten der Wachmannschaft dabei und nahmen mich fest. Der eine zielte mit dem Karabiner auf mich und schrie mich an, ich sei ein Russenfreund und solle auf die Knie gehen, weil er mir gleich das Licht ausblasen wolle. Zum Glück war der andere etwas besonnener. Der redete auf seinen Kameraden ein und sagte ihm, dass die Russen von den rohen Rüben eh die Scheißerei bekommen und krepieren würden. Dann hat der Alte für Deutschland ein gutes Werk getan."

Husarensalat

250g	Kartoffeln
250g	rote Bete
175g	grüne Bohnen (verwenden Sie eingekochte)
2	Sellerieköpfe (groß)
	Fleischreste, Salz und Pfeffer wenn Sie haben

Kochen Sie die Kartoffeln als Pellkartoffel und lassen diese auf dem Fensterbrett erkalten.
Schälen Sie die rote Bete und den Sellerie und kochen dann das Gemüse ebenfalls gar. Würfeln Sie Gemüse und Kartoffeln.
Vielleicht haben Sie noch Knochen, welche Sie auskochen und abpulen können. Vom Rind bis zum Hühnerknochen können Sie alles nutzen.
Sollten Sie noch Fleischreste vom Vortag übrig haben, würfeln Sie diese ebenfalls. Jetzt mengen Sie alles in einer Schüssel mit Mayonnaise (siehe Tunken) an und schmecken den Husarensalat gut ab.
Lassen Sie ihn vor dem Genuss gut durchziehen, so schmeckt er besser.

Walther D. (Soldat): „Wir befanden uns seit der Landung der Alliierten auf Sizilien immer auf der Flucht. Am Ende nahmen uns die Italiener fest. Wir waren fünfundzwanzig deutsche Soldaten. Josef, ein Kamerad, der verwundet war und dem ich beim Essen half verstand ein wenig italienisch. Er sagte mir, dass wir am Abend erschossen werden sollten. Meine Kameraden wollten das nicht glauben. Gab es doch erst heute noch leckere grüne Bohnen und die Italiener waren vor ihrem Verrat unsere Verbündeten.
In der Dämmerung sollten wir das Lager wechseln. Wir marschierten an einem Abhang vorbei. Josef und ich rutschten lautlos hinab. Nur meine Kameraden bemerkten dies, verrieten uns aber nicht. Ganz ruhig blieben wir liegen. Etwa zehn Minuten später hörten wir Maschinengewehrsalven. Heute muss ich immer an Josef denken, wenn ich grüne Bohnen esse. Ich bekomme das einfach nicht aus meinem Kopf."

Milchkohl

1kg	Weißkohl
2 Eßl.	Mehl
60g	Speck
1	Zwiebel
½ L	Milch (oder Buttermilch)

Schneiden Sie den Kohl in Streifen.
Überbrühen ihn danach rasch.
Stellen Sie eine helle Schwitze her.
Füllen Sie diese mit Milch auf.
Wenn Sie keine Milch haben verwenden Sie das Kohlwasser.
Nun dünsten Sie darin ihren Kohl gar.

Im Winter dient der Kohl als wichtiger Vitaminlieferant. Er enthält viel Vitamin B und C. Weiterhin noch Mineralstoffe, Beta Carotin, Folsäure, Kalium, Kalzium und Eisen. Den schwefelartigen Geruch beim Kochen bekämpfen Sie am besten, wenn Sie etwas Essig ins Kochwasser geben. Blähungen, welche durch schwer verdauliche Ballaststoffe hervorgerufen werden, begegnen Sie am besten mit den richtigen Gewürzten wie z.B. Fenchel, Anis, Kümmel oder Kreuzkümmel.

Kürbiskraut auf ungarische Art

250g	Kürbisfleisch
20g	Speck oder Fett
2	Zwiebeln
1	Paprika
2 Eßl.	Tomatenmuss
1 Teel.	Kümmel
2 Eßl.	Mehl
3 Eßl.	Milch (sauer)
1 Eßl.	Dill (gehackt)

Schneiden Sie das Kürbisfleisch in Streifen. Jetzt ist daraus Kürbiskraut geworden.
Streuseln Sie etwas Salz darüber und stellen es wenige Minuten bei Seite.
Würfeln Sie den Speck und die Zwiebel.
Nun dünsten Sie beides an, lassen das Kraut abtropfen und geben die Gewürze dazu.
Alles wird etwa 10 min. geschmort.
Verquirlen Sie jetzt das Mehl mit der Milch und geben es dazu.
Nun kochen Sie alles auf und schmecken das Ganze zum Schluss noch ab.

~

Milchleistung:
1940 gaben Spitzenkühe ca. 10 Liter pro Tag.
Heute ist es etwa das Zehnfache.

Mehl- und Süßspeisen

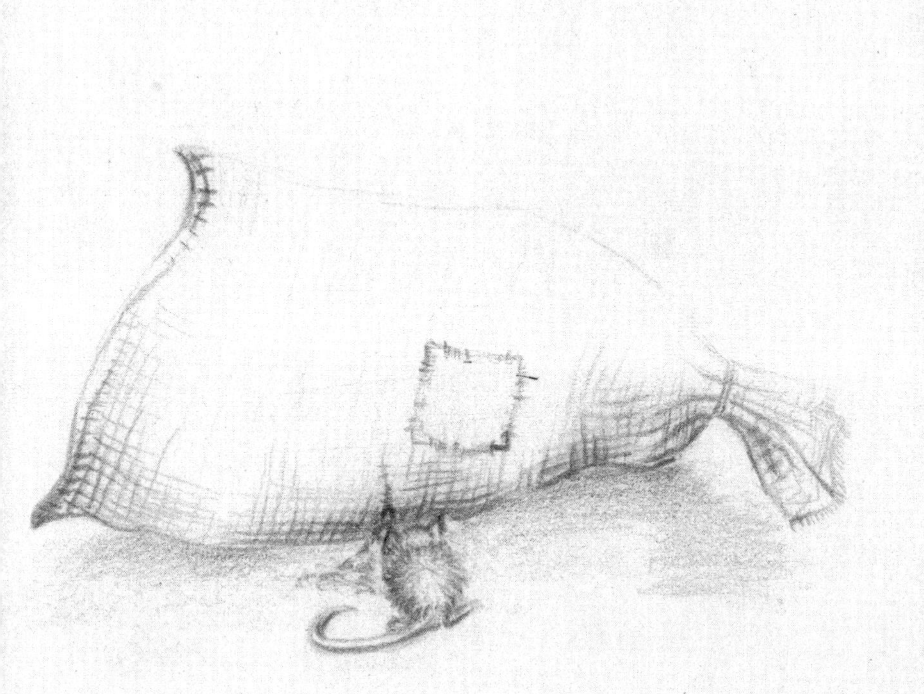

Buttermilchpfannkuchen

¾ L	Buttermilch
375g	Mehl
1 Teel.	Backpulver
1-2	Eier
1	Zwiebel
	Bratfett oder Speckschwarte
	Salz

Geben Sie die Buttermilch, das Backpulver, das Ei und etwas Salz in eine Schüssel.
Rühren Sie alles gut durch und vermeiden Sie Klümpchenbildung. Das erreichen Sie am besten, wenn Sie das Mehl in die Buttermilch sieben, während Sie rühren.
Tauchen Sie vor dem Backen die Zwiebel in heißes Fett und reiben Sie damit die Pfanne aus.
Zum Ausreiben können Sie natürlich auch die Speckschwarte benutzen.

Bei der Herstellung von einem Kilo Schnittkäse entstehen etwa zehn Liter Molke als „Abfallprodukt". Früher und auch heute noch wird ein großer Teil für die Schweinemast verwendet. Seit einigen Jahren steht Molke als Fitnessgetränk, welches in verschiedenen Geschmacksrichtungen erhältlich ist, in den Regalen der Supermärkte. Diese jedoch sind meistens mit soviel Zucker aufgepeppt, dass man lieber das pure Naturprodukt nutzen sollte.

Hefeplinsen

750g	Mehl
40g	Hefe
⅛ L	Milch
125g	Zucker
1-1 ½	Ei
	Salz
	Zitronenschale
	Marmelade

Geben Sie die Zutaten in eine Schüssel und rühren Sie alles klumpenfrei durch.

Schmecken Sie mit Salz und Zitronenschale ab. Dann backen Sie die Plinsen in einer geölten oder gefetteten Pfanne.

Lassen Sie die Pfanne richtig heiß werden, bevor Sie den ersten Plinsen fertigen, dass erleichtert den Ablauf. Danach sollten Sie mit der Hitze spielen. Das heißt: Wenn Sie den beidseitig gold-gelben Plinsen aus der Pfanne nehmen stellen Sie diese sofort wieder in die Mitte der Herdplatte, damit sich der Tiegel sofort wieder erhitzen kann und beim Einlassen des Teiges richtig heiß ist.

Haben Sie den flüssigen Teig in der Pfanne, ziehen Sie diese etwas von der großen Hitze weg, damit Ihr Hefeplinsen nicht verbrennt. Vor dem ersten Plinsen muss die Pfanne richtig heiß sein!

Die meisten Menschen essen die Hefeplinsen mit einer süßen Füllung und deshalb sind sie bei Männern auch nicht sonderlich beliebt. Mit einer herzhaften Plinsenfüllung jedoch werden Sie als Hausfrau ihren Gatten glücklich sehen.

Wenn Sie den Plinsen herzhaft essen möchten, lassen Sie bei der Herstellung des Teiges den Zucker weg. Statt etwas Süßes in den Plinsen zu wickeln können Sie natürlich alle herzhaften Nahrungsmittel, die Sie vorrätig haben, versuchen. Besonders bewährt haben sich dabei Käse- und Wurstreste, die Sie, kleingewürfelt mit Sauerkraut, mischen und in den Plinsen rollen.

Ausgezeichnet schmeckt auch scharf gebratenes Gehacktes, welches Sie gut zerkleinert mit der gleichen Menge Sauerkraut mischen, ein wenig weiterbraten und in den Plinsen wickeln.
Zu einem kulinarischen Genuss wird das Gericht, wenn Sie die gerollten und gefüllten Plinsen wie ein Schnitzel panieren, braten und beim Verzehr mit Naturjoghurt servieren.

~

Früher gab es Süßigkeiten nicht in solchen „kranken" Massen, wie sie uns heute angeboten werden. Der Zuckerjieper wollte aber trotzdem befriedigt werden. So wurde alles, was gesüßt werden musste, mit exorbitant viel Zucker gekocht oder gebacken. Das erkennt man ganz schnell, wenn man den Zuckeranteil der alten Rezepten, um die Hälfte reduziert. Das Gericht schmeckt genauso gut. Leider ist der Mensch in den letzten Jahrzehnten auf immer mehr Zucker konditioniert worden. Vom Zucker- bis zum Pharmaproduzenten haben alle etwas davon. Leider bleibt der Mensch dabei auf der Strecke.

Wiener Buchteln

250g	Mehl
⅛ L	Milch oder Wasser
20g	Hefe
1 Teel.	Zucker
20g	Fett
	Gemüse- oder Fleischreste
	Salz

Geben Sie das Mehl in eine Schüssel. In die Mitte formen Sie mit dem Esslöffel eine kleine Mulde und bröseln dort dann die frische Hefe hinein. Füllen Sie die Mulde mit ca. 50ml Milch oder Wasser auf und stellen die Schüssel an einen warmen Ort, bis alles die selbe Temperatur hat. Jetzt kneten Sie die Zutaten (Mehl, Wasser oder Milch, Hefe, Zucker) gut durch und stellen die mit einem Tuch abgedeckte Schüssel wieder warm. Warten Sie, bis der Teigklumpen aufgegangen ist (ca. 45 min). Rollen Sie dann den Teig mit einem Nudelholz auf ca. 1cm aus. Bestäuben Sie das Nudelholz und die Teigunterlage ab und zu mit Mehl, damit die Masse nicht anklebt. Stechen Sie diese danach mit einer Form aus (Durchmesser ca. 5 cm). Geben Sie dann die kleingeschnittenen Gemüse- und/oder Fleischreste in die Mitte der Hälfte der Teiglinge.

Die andere Hälfte der Teiglinge decken Sie auf die Masse. Drücken Sie die Ränder fest an. Wer möchte, bestreicht die Ränder mit etwas Eigelb, dann halten diese besser zusammen. Nun legen Sie die Buchteln in eine gefettete Auflaufform und backen diese dann gold-gelb.

~

Josef Havlazsch (Gefreiter, Wien) Feldpost:
„...Haben gestern etwas Mehl, Zucker und ein wenig Fett aufgetrieben. Im Garten eines verlassenen Bauernhofes fanden wir noch einige Kohlrüben und etwas Sellerie. Gerhard, der vor dem Krieg auf dem Viktualienmarkt Buchteln gebacken hat, ging in die Küche, um das zu tun, was er am besten kann; Buchteln backen. Der Duft war unbeschreiblich. Zumal wir seit Tagen nichts Ordentliches im Magen hatten. Als Otto das Blech aus dem Herd zog fing er sich eine Kugel von einem Scharfschützen ein. Partisanen griffen uns an. Wir waren nur zu sechst, griffen unsere Waffen und mussten weg. Unsere Jacken und das Feldzeug blieben zurück. Leider auch die Buchteln. Martin, unser Neuer, hat geweint wie ein Kind. Er wollte nach Hause und Buchteln essen. ...“

Apfelbettelmann

350g	Vollkornbrot
500g	Apfelmus
⅜ L	Saft oder Wasser
10g	Fettigkeit
	Zucker
	Zimt

Reiben Sie das Brot und geben es mit dem Zimtzucker und dem Apfelmus schichtweise in eine gefettete Auflaufform.
Übergießen Sie alles mit Saft und und backen es dann 30 Minuten.

Wir waren gerade dabei, auf der Bank unter dem alten Walnussbaum Kornäpfel auszuschneiden um Apfelmus zu kochen, als unsere Nachbarin über den Gartenzaun schaute und rief, wir sollen ordentlich Zucker dazugeben, weil doch die Äpfel dieses Jahr zu sauer seien. Was sie nicht weiß, seit Jahren machen wir an unser Apfelmus keinen Zucker. Etwas Vanille und etwas Zimt untergerührt und man vermisst nichts. Wir haben allerdings unseren Zuckerkonsum in den letzten Jahren soweit heruntergefahren, dass uns so etwas leicht fällt.

Rhabarbergrießauflauf

1kg	Rhabarber
1L	Milch
125g	Zucker (nach Geschmack)
150g	Grieß
1	Ei
50g	Margarine
	Salz (eine Prise)
	Zitronenschale

Kochen Sie die Milch mit den Gewürzen und dem Fett auf.
Rühren Sie den Grieß unter und lassen Sie die Masse einlaufen. Die Masse muss sich vom Topf lösen.
Stellen Sie den Topf kalt und rühren das Ei unter.
In dieser Zeit schälen und schneiden Sie den Rhabarber in nicht länger als 3cm lange Stücke und zuckern ihn ein.
Geben Sie den Grießbrei und den Rhabarber schichtweise in eine Auflaufform und backen alles ca. 45 Minuten.

~

Ein Auflauf ist ein im Herd überbackenes, herzhaftes oder süß abgeschmecktes Gericht. Die Zutaten werden als Schichten angeordnet und bestehen unter anderem aus Nudeln, Reis, oder Kartoffeln.
Weit verbreitete Aufläufe sind zum Beispiel Gratins.
Ein Beispiel für einen süßen Auflauf sind der Scheiterhaufen, ein Gericht der österreichischen Küche, bei dem Brot- und Apfelscheiben aufgeschichtet werden, oder ein Grießauflauf.

Kuchen und Kleingebäck

Vor 1945 kam einmal pro Woche die Eierfrau in unser Dorf und kaufte den Bauern die überschüssigen Eier ab, um diese dann in der Stadt zu veräußern. Für alle landwirtschaftlichen Produkte gab es solche Zwischenhändler. Mein Großvater bot sich eines Tages im Winter an, die Eierfrau mit dem Pferdeschlitten ins Nachbardorf zum Bahnhof zu fahren. Kurz vorm Bahnhof geriet der Schlitten in eine Schneewehe und kippte um. Die Hälfte der Eier ging zu Bruch. Wer für den Schaden aufkam, ist nicht überliefert. Überliefert aber wurde folgender Satz, den mein Opa sagte, als er wieder zu Hause war: „Tu niemandem etwas Gutes, dann hast du nichts Schlechtes zu erwarten."

Sirupkuchen

1kg	Mehl
500g	Rübensirup
200g	Zucker
2-3	Eier
½ L	Magermilch
2 Teel.	Natron
	Kuchengewürz
	Salz
	Buchecker
	oder Kürbiskerne

Schlagen Sie die Eier und rühren diese dann in die Milch.
Sieben Sie das Mehl in den kalten Sirup. Das wird jetzt ein dickflüssiger Teig.
Den backen Sie dann bei guter Mittelhitze 15-20 min.
Eventuell mit gerösteten Bucheckern oder Kürbiskernen bestreuen.

Falscher Bienenstich

Teig:

500g	Mehl
100g	Zucker
80g	Margarine
30g	Hefe
¼ L	Milch

Belag:

125g	Butter oder Margarine
¼ L	Magermilch
250g	Haferflocken
	Zucker nach Bedarf
	Mandelöl nach Geschmack

Bröckeln Sie die Hefe in die Milch und verrühren beides. Sieben Sie das Mehl. Verrühren Sie dies alles und auch die restlichen Zutaten zu einem glatten Teig und stellen diesen dann mit der abgedeckten Schüssel (durch ein Tuch) für ca. 90min zum Gehen an einen warmen Ort. Ist der Teig gegangen, kneten Sie ihn nochmal kurz durch, drücken ihn auf ein eingefettetes Blech, durchlöchern ihn mit einer Gabel und geben ihn nochmal kurz in die warme Backröhre. Dort geht er erneut ein wenig.

Folgendes müssen Sie beachten:

- Hefe darf nicht heiß werden,
- Teig richtig gut durchkneten,
- keine Zugluft

Machen Sie die Butter heiß, geben dann die Magermilch, die Haferflocken, den Zucker nach Bedarf und das Mandelöl nach Geschmack dazu.
Rühren Sie alles gut durch und bestreichen dann damit den Teig. Nun können Sie ihn backen. Je nachdem wie dünn Sie den Teig aufs Blech gedrückt haben, lassen Sie ihn zwischen 15 und 30min backen.

~

Schlüpft die Biene aus der Wabe, wird die Jungbiene zuerst eine Putzerbiene. Danach ist sie Pflegebiene und für die Brut verantwortlich. Hat sie sich dort bewährt geht sie in die Nektarveredlungsabteilung, um Nektar zu Honig umzuarbeiten. Als Reinigungsbiene beschäftigt sie sich hinterher. Durch diesen Stress gefrustet und aggressiv genug, wird sie nun als Wachbiene eingesetzt. Erst zum Schluss wird sie dann zu einer Honigbiene. Geht alles gut, verübt sie diesen Job etwa eine Woche. Und wenn sie nicht von anderen Tieren vorher gefressen wird oder im Unwetter stecken bleibt, stirbt die Sommerbiene nach ca. vier Wochen eines natürlichen Todes. In dieser Zeit sammelt sie ca. zwei Teelöffel Honig.
Die Winterbiene lebt von Oktober bis März.

Kuchen ohne Fett und Ei

500g	Mehl
200g	Zucker
1	Puddingpulver
1 ½	Backpulver
¼ L	Milch
3	Äpfel (groß)

Würfeln Sie die Äpfel. Dann geben Sie alle Zutaten in eine Schüssel und verrühren diese zu einem Teig. Den Teig geben Sie auf ein Kuchenblech und backen ihn zwischen 20 und 30min. Mit einem Holzstäbchen können Sie prüfen, ob der Kuchen gut ist. Pieken Sie mit dem Stab in den Kuchen. Wenn keine Teigreste am Holz kleben bleiben, können Sie den Kuchen aus der Röhre nehmen und essen.

Bereits zwei Jahre vor der Patentierung (1903) wurde Backpulver unter dem Namen Hefepulver von Horsford und Wilsen verkauft. Ein Verbesserungsvorschlag von Professor von Liebig (Einsatz von Kaliumchlorid) führte zu einer Änderung des Namens. Von nun an hieß es Backpulver. Vor der Verwendung von Backpulver war Backen immer mit einem relativ hohem Risiko verbunden. War der Gärvorgang der Hefe nicht richtig abgelaufen, konnte es dazu kommen, dass das Brot oder der Kuchen nicht vollständig aufgegangen war. Vor allem in der Unterschicht war das neue weiße Pulver ein Segen, denn der Verlust der Backzutaten traf die meisten Familien schwer.

Linzer Roulade

150g	Roggenmehl
50g	Zucker
30g	Fett
1-2 Eßl.	Marmelade
½	Backpulver
	Zitronenschale

Verarbeiten Sie das Mehl, die Hälfte des Zuckers, das Fett und das Backpulver zu einem festen Teig.
Rollen Sie diesen auf einem Küchenbrett auf ca. 1 cm Stärke aus.
Legen Sie ein sauberes Geschirrtuch darüber und darauf ein weiteres Küchenbrett, Platte etc.
Drehen Sie nun den ausgerollten Teig, das Tuch und die Bretter so, dass das Geschirrtuch unter dem Teig liegt.
Nehmen Sie das obere Brett weg und bestreichen Sie den Teig mit Marmelade.
Indem Sie das Tuch dann mit dem Teig anheben, lässt sich dieser ohne festzukleben rollen.
Backen Sie das Ergebnis bei mittlerer Hitze ca. 45 Minuten.
Rühren Sie mit der anderen Hälfte des Zuckers und der abgeriebenen Zitronenschale eine Glasur an und bestreichen den warmen Kuchen.
Die erkaltete Rolle schneiden Sie in daumendicke Scheiben.
Nach 2-3 Tagen erhöht sich der Wohlgeschmack.

~

Deutschland ist das Land, welches weltweit in der Roggenproduktion fast immer eine führende Rolle einnimmt.
Eine moderne Züchtung, die Triticale, vereint die positiven Eigenschaften von Roggen und Weizen.

Falsche Marzipanfüllung

125g Kartoffeln
125g Zucker
Mandelöl

Reiben Sie die Kartoffeln und mischen dann den Zucker unter.
Unter ständigen Rühren lassen Sie die Masse heiß werden.
Dabei wird der Brei flüssig.
Geben Sie etwas Mandelöl dazu und rühren alles bis zum Erkalten.
Diese Füllung eignet sich besonders gut zu Gebäck oder als Füllung für Eierkuchen.
Kochen Sie die Kartoffeln 1-2 Tage bevor Sie die Füllung anfertigen möchten als Pellkartoffeln und stellen Sie kalt.

~

Die US-Amerikaner feiern den Tag der Mandel am 16. Februar.
Die Hauptanbaugebiete sind die USA (ausschließlich Kalifornien), Mitteleuropa (vor allem Frankreich, vereinzelt andere) und der Nahe Osten (Iran, Pakistan).

Kürbisstollen

500g	Kürbis
¼ L	Milch
1kg	Mehl
250g	Zucker
60g	zerlassenes Fett oder Margarine
40g	Hefe
125g	Rosinen oder Rosinenersatz (unter Sonstiges)
	Salz
	Zitronenschale

Schneiden Sie den Kürbis in kleine Stücke und verwenden Sie dazu das feste Fleisch.
Geben Sie die Milch darüber und kochen alles bis der Kürbis weich ist.
Streichen Sie die Masse durch ein Sieb und verarbeiten dann die Zutaten durch Kneten zu einem Hefeteig.
Formen Sie einen Stollen und bestreichen diesen dann mit Eigelb.
Am Ende backen Sie dann den Kürbisstollen bei Mittelhitze ca. 50 Minuten.

Kürbisse nehmen sehr schnell den Geschmack anderer Zutaten an. Für deftige Speisen eignen sich zum Würzen Ingwer, Chili, Curry, Knoblauch und Zwiebeln.
Für Süße sind Zimt, Ananas, Äpfel oder Orangen ideal.

Der größte geerntete Kürbis kommt aus der Schweiz und wog 1054 kg. Damit war er schwerer als eine ausgewachsene Milchkuh.

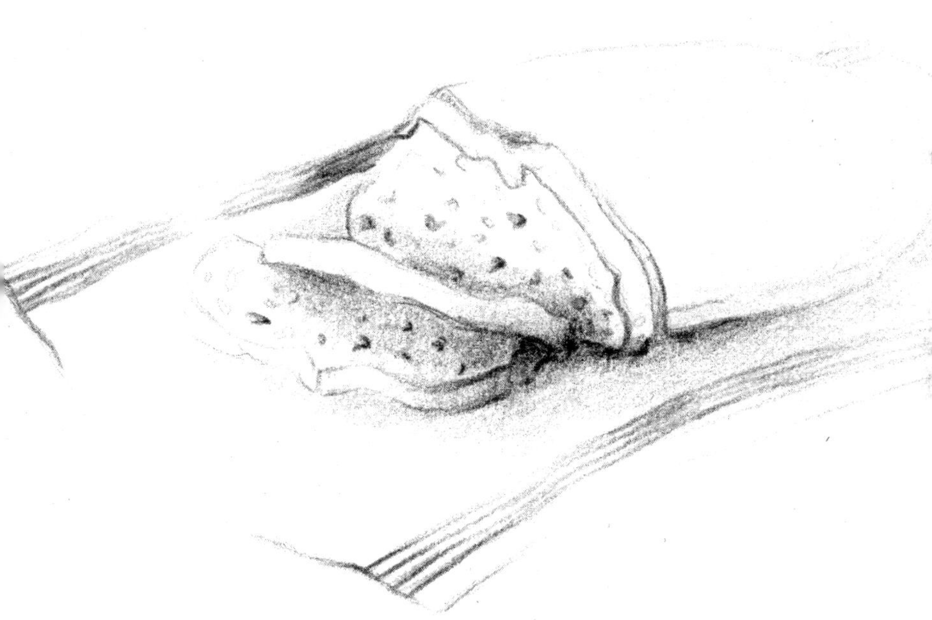

Lebkuchen mit Möhren

500g	Mehl
⅛ L	Milch
100g	Zuckerrübensirup
150g	Zucker
1 Teel.	Kardamom
1 Teel.	Gewürznelken
1 Teel.	Zimt
	Zitronenschale
150g	Möhren (fein gerieben, roh)
20g	Hirschhornsalz
50g	Haselnusskerne oder
10g	Buchecker (geröstet und gemahlen)

Sieben Sie das Mehl und das Hirschhornsalz in eine Schüssel. Geben Sie die Milch und die Haselnusskerne dazu. Jetzt erwärmen Sie den Sirup in einem Topf und geben den Zucker dazu. Rühren Sie so lange, bis der Zucker aufgelöst ist.

Wenn die Masse abgekühlt ist geben Sie diese in das Mehl und verkneten alles.

Nun streichen Sie alles auf ein Blech und backen es bei Mittelhitze.

Sofort nach dem Backen schneiden!

Erst wenn eine Buche mindestens vierzig Jahre alt ist, bildet sie Samen, die Buchecker, aus. Obwohl diese leicht giftig sind, wurden sie im und nach dem zweiten Weltkrieg als Nahrungsergänzung (zB. gepresst als Öl oder geröstet als Kaffeeersatz) genutzt. Durch das Anrösten verliert die Buchecker ihre Giftigkeit und wird aromatischer.

Falscher Mohnkuchen

Teig:

375g	Mehl
100g	Zucker
125g	Margarine oder etwas Milch
2	Eier
1	Backpulver

Belag:

500g	Mehl
225g	Zucker
125g	Kaffeesatz (gut getrocknet)
	Vanille oder Zitronensaft
	Butter
2	Eier
1	Backpulver
	Milch

Fertigen Sie einen Mürbteig. Wenn Sie keine Margarine haben, nutzen Sie etwas Milch, um den Teig besser zu binden.
Kneten Sie alle Zutaten rasch und gründlich zusammen und stellen den Teig für mindestens 30min kalt.

Verrühren Sie die Zutaten des Belages. Dann drücken Sie den Teig auf ein Blech und geben die Mischung auf den Teig. Die Backzeit beträgt ca. ½ Stunde.

~

Achtzig verschiedene Kaffeepflanzensorten gibt es weltweit. Davon werden allerdings nur zwei kommerziell genutzt. Das ist die Arabica- und die Robustapflanze.

Waschkorbgebäck

100g	Butter
230g	Zucker
750g	Mehl
100g	Hirschhornsalz
⅛ L	Milch
2	Eier
	Vanillezucker

Stellen Sie aus den Zutaten einen Teig her und rollen ihn etwa 3mm dick aus. Jetzt bestreichen Sie die ausgestochenen Plätzchen mit Eigelb und backen Sie wenige Minuten bei Mittelhitze.

~

Hirschhornsalz ist ein Backtriebmittel welches sich von normalem Backpulver insofern unterscheidet, dass es eher in die Breite treibt und wenig nach oben.

Buttermilchkuchen

500g	Mehl
200g	Zucker
½ L	Buttermilch
½	Zitronenschale
1	Backpulver
	Zitronensaft
	Salz

Reiben Sie die Schale einer halben Zitrone.
Verrühren Sie alles glatt und mischen Sie zuletzt das Backpulver unter.
Das backen Sie dann sofort ca. 1 Stunde.

Kartoffelkekse

250g	Mehl
70g	Zucker
65g	Kartoffeln
50g	Fett
1	Ei
½	Backpulver

Reiben Sie die rohen Kartoffeln.
Stellen Sie aus den Zutaten einen Mürbteig her.
Rollen Sie ihn dünn aus.
Stechen Sie ihre Plätzchen aus.
Backen Sie diese bei Mittelhitze wenige Minuten.

Ob ein Ei frisch ist, stellt man fest, indem man es in Wasser legt. Bleibt es am Boden liegen ist es frisch. Ist es zwei Wochen alt, schwimmt es senkrecht im Gefäß. Älter als zwei Monate, ragt das Ei aus dem Wasser heraus.

Billige Plätzchen

500g	Mehl
50g	Margarine
50g	Zucker
1	Vanillezucker
4 Teel.	Backpulver (gestrichen)
10 Eßl.	Milch
1	Ei

Stellen Sie aus allen Zutaten, außer der Milch und 10g Zucker, einen Rührteig her.
Rollen und stechen Sie ihn aus.
Bestreichen Sie die dünnen Plätzchen mit Milch, bestreuen diese mit dem restlichen Zucker und backen sie bei Mittelhitze wenige Minuten.

~

Napoleon III. beauftragte 1869 den Chemiker Hippolyte Mége-Mouriés, um für seine Truppen einen Butterersatz zu entwickeln. Dabei kam die Margarine heraus. Ihre anfänglichen Ingredienzien waren Milch, Eier, Nierenfett, Lab und zerstoßene Kuheuter.

Margarine

Mürbchen

200g Mehl
50g Fett
125g Zucker
50g Kartoffeln (gekocht und gerieben)
70g Gries
1 Ei
½ Backpulver

Stellen Sie einen Mürbteig her, rollen diesen dünn aus, stechen die Plätzchen aus und backen diese dann bei Mittelhitze gold-gelb.

Grieß ist ein Teilstückchen des Getreidekorns, meist Weizen. Er wird ähnlich produziert wie Mehl, allerdings wird dazu die Mühle anders eingestellt. Dadurch kann der Müller entscheiden ob beim Mahlvorgang mehr Grieß oder mehr Mehl entstehen soll.

Doppelplätzchen

50g	Butter oder Margarine
1	Ei
100g	Zucker
3-4 Eßl.	Milch
1 Msp.	Backpulver
1 Teel.	Vanillezucker
375g	Mehl
	Marmelade

Stellen Sie einen festen Knetteig her und rollen Sie diesen dann dünn aus. Stechen Sie die Plätzchen aus und backen Sie gold-gelb.

Geben Sie auf die Hälfte der erkalteten Plätzchen ein wenig Marmelade und legen Sie die anderen obenauf.

Wenn Sie möchten, können Sie die Doppelkekse noch mit Puderzucker bestäuben.

Die Qualitätsbezeichnung Bourbon Vanille führt auf die Insel „Il de Bourbon“ zurück.“ Dort wurde die Vanille hauptsächlich angebaut. Nach der Französischen Revolution (1789) wurde diese Insel umbenannt und trägt seit dem den Namen „Réunion“.

Kartoffelhörnchen

65g Kartoffeln (gekocht vom Vortag)
125g Mehl
50g Butter
50g Zucker
1 Ei
½ Backpulver
Zitronenschale (wenig)
Marmelade

Reiben Sie die Kartoffeln und geben dann das Mehl, die Butter, den Zucker, das Backpulver und ein wenig abgeriebene Zitronenschale dazu.
Stellen Sie daraus einen Mürbteig her und rollen diesen dann aus.
Nun schneiden Sie gleichgroße Dreiecke oder stechen andere Formen aus.
Geben Sie etwas Marmelade auf einen Teil des Teiges und den anderen Teil legen Sie obenauf.
Drücken Sie nun die Ränder fest zusammen und backen die Plätzchen dann goldgelb.
Die Masse ergibt 10-14 Plätzchen.

Tipp:
Wenn Sie die Ränder mit etwas Ei bestreichen, halten sie besser zusammen.
Auch können Sie für das Zusammendrücken eine Gabel nutzen.

~

Zucker wird bei der Marmeladenherstellung in exorbitanten Massen eingesetzt. Für Menschen ist diese Art Zucker nicht gesund. Um den raffinierten Zucker möglichst zu vermeiden, kann man die Marmelade so herstellen wie das Pflaumenmus. Ich lasse die überreifen Früchte so lange kochen, bis das Mus die richtige Konsistenz für mich hat. Danach fülle ich es in die Gläser und koche diese dann zu. Eine Möglichkeit, das Einkochen der Flüssigkeit zeitlich herunterzusetzen, ist der Einsatz von Apfelpektin.

Falsche Schlagsahne

1	Eiweiß
1 Tasse	Zucker
1 Tasse	Saft

Schlagen Sie alles zusammen dickschaumig.

~

Saft kann man wunderbar selbst herstellen. Zum Beispiel mit dem Heißentsafter. Schneiden Sie die Blüte, den Stiel und die von Maden zerfressenen Stellen aus dem Fallobst heraus und geben Sie das Obst in den dafür vorgesehenen Einsatz. Füllen Sie Wasser in den Wassereinsatz und stellen Sie diesen auf den Herd. Dann und wann kann der entstandene Saft in Flaschen oder Gläser abgefüllt werden. Wenn Sie Flaschen oder Gläser mit einem Blechdeckel verwenden, brauchen Sie nur den heißen Saft einfüllen und das Glas mit dem Deckel schließen, dann zieht es durch die Hitze zu. Bei dieser Variante ist der Saft bereits 1:1 verdünnt. Möchten Sie 100% Saft produzieren, geben Sie die Früchte in einen Topf, kochen diese kurz auf, seihen Sie ab und füllen den Saft in die Flaschen. Entscheiden Sie sich für die Kaltentsaftung, sollten Sie das Obst schreddern, in einen Leinensack geben und diesen dann in eine Saftpresse. Damit drückt man dann den Saft aus den Fruchtstücken. Soll er haltbar gemacht werden, muss er eingekocht werden.

Brotaufstriche

Ein Produkt mit Semmelmehl zu panieren ist eine Methode, um die Ware um ein Vielfaches zu verbilligen. Sogenannte Fooddesigner sind Tag und Nacht ausnahmslos damit beschäftigt, aus Abfällen der Nahrungsmittelindustrie sogenannte hochwertige Erzeugnisse zum Verzehr herzustellen. Hier ist die Panade das Tüpfelchen auf dem I.

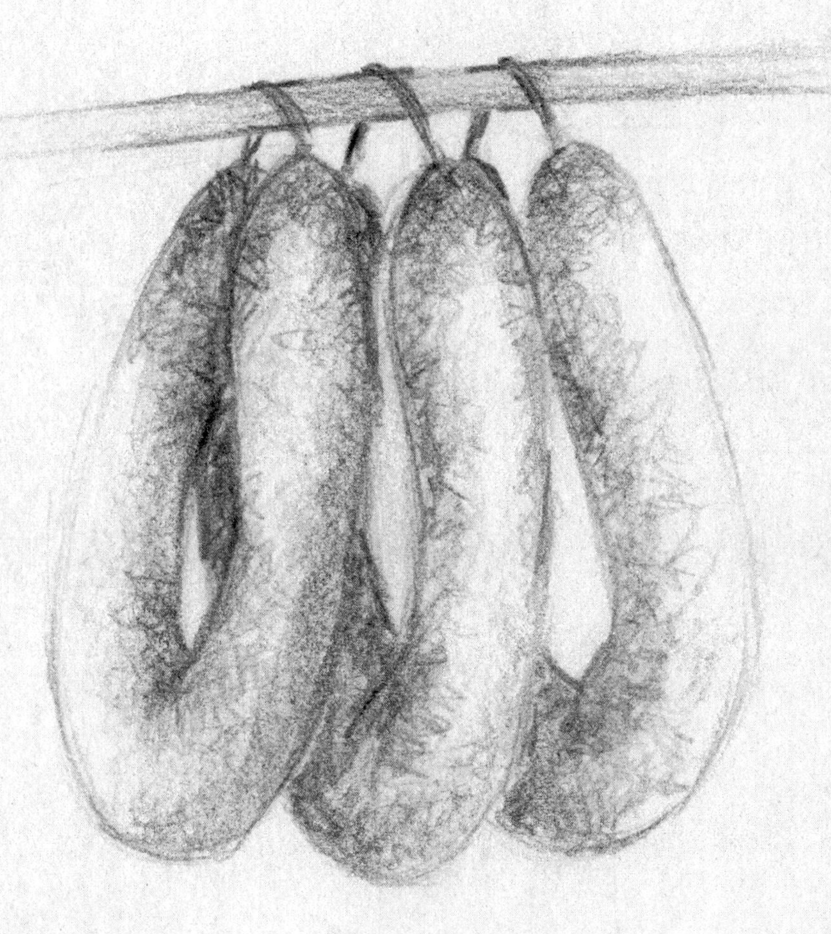

Falsche Leberwurst

100g	Hefe
30g	Fett
1	Zwiebel
2-3 Eßl.	Semmelmehl oder Grieß
1 Eßl.	Majoran
	Kümmel (eventuell)
	Paprika (eventuell)
	Salz (eventuell)

Zerlassen Sie das Fett in der Pfanne.
Reiben Sie eine Zwiebel fein.
Rösten Sie diese hell an.
Bröckeln Sie die Hefe hinein und lassen diese bis sie schaumig wird zergehen.
Nun geben Sie den Majoran hinein und schmecken mit den übrigen Zutaten kräftig ab.

Apfelschmalz

100g Schmalz
125g Zwiebeln oder das Weiße vom Lauch
500g Äpfel (säuerlich)
Majoran oder Thymian

Würfeln Sie die Zwiebel fein.
Das Gleiche tun Sie mit den Äpfeln.
Dünsten Sie beides leicht an.
Geben Sie das Schmalz dazu und braten alles leicht an. Lassen Sie die Zwiebel nicht schwarz werden.
Füllen Sie die Masse in ein Glas und stellen Sie dieses kalt.

~

Schweineschmalz ist bei richtiger Lagerung vierundsechzig Jahre haltbar. Ein Rostocker Rentner fand eine übersehene Dose und ließ das Produkt vom Landesamt für Landwirtschaft in Mecklenburg Vorpommern testen. Es hätte sogar noch verkauft werden dürfen.

Sonstiges

Rosinenersatz
Helle Süßkirschen mit einem Tuch sauber abreiben.
Die Stängel bleiben an und die Kerne in der Kirsche.
Heizen Sie ihren Herd auf ca. 80 Grad, geben Sie die Kirschen auf ein Blech und schieben Sie es so lange in die Röhre, bis die Früchte anfangen schrumpelig zu werden.
Entfernen Sie nun die Stiele.
Lassen Sie nun die Früchte weiter eintrocknen.
Wenn kein Saft mehr herauskommt, drücken Sie die Kerne heraus.

Frau Thiel und Frau Kahmann stellten bis ins hohe Alter ihre Backpflaumen selbst her. Sie legten die aufgeschnittenen und entkernten Früchte auf einen Rost und gaben diesen dann in die Röhre ihres Küchenherdes. Darunter steckten sie ein Kuchenblech. Da sie auf diesem Herd ihr Mittagessen kochten und immer einen Topf mit heißem Wasser zu stehen hatten, war die andauernde Wärme, welche die Pflaumen brauchten (1-2 Tage bei ca. 60 Grad), kein Problem. Danach wurden die Pflaumen noch ein bis zwei Tage in die Sonnenhitze gelegt und fertig war die himmlisch süße Leckerei.

Zitronenersatz

1kg	Kürbis
½ kg	Weinessig
500g	Zucker

Kochen Sie den gewürfelten Kürbis 6-8 Minuten.
Nehmen Sie dann den Kürbis heraus und kochen ihn soweit ein, dass er noch saftig ist.
Geben Sie den Zucker dazu und rühren die Masse durch.
Nun wird der Kürbis glasig und fest.

Weinessig und Bimsstein benutzten schon die alten Ägypter, um ihre Zähne zu bleichen. Ich rate dringend davon ab. Sollten Sie dies aber trotzdem tun wollen, reden Sie unbedingt vorher mit ihrem Zahnarzt oder Apotheker.

Selbsthergestellte Brühwürfel

ein Teil Sellerie (mit Herzblättern)
ein Teil Möhren
ein Teil Porree
ein Teil Petersilienwurzel
ein Teil Zwiebel
ein Teil Salz
eventuell einige Kräuter nach Geschmacksvorlieben

Die harten Teile drehen Sie durch den Wolf.
Zerkleinern Sie dann alle Kräuter mit dem Wiegemesser oder wie heute üblicher mit einer modernen Küchenmaschine.
Mischen Sie alles mit Salz.
Füllen Sie die Masse in Gläser und geben Sie eine Schicht Salz obenauf.
Verschließen Sie die Gläser mit einem Deckel.
Lagern Sie die Gläser kühl und dunkel.

Ernährung im Dreißigjährigen Krieg

Prinzipiell wurde die Nahrung in Herrennahrung und Bauernnahrung eingeteilt. Die Herren waren die adligen Landbesitzer, die hohe Geistlichkeit und die Patrizier in den Städten. Als Bauern galten nicht nur die Bauern, sondern auch die unteren Stände der Stadtbevölkerung.
Heutzutage zeigt unter anderem die Kleidung den Unterschied zwischen den Klassen an. Damals sollte das zusätzlich auch die Nahrung tun.
Ein satter Zeitgenosse klagte mit folgenden Worten:

„Den Bauern bestimmt man zur Speise Fleisch und Kraut und Gerstenbrei;
Ohne Wildbret sollte sie sein, am Fastentag Hanf, Linsen und Bohnen;
Fisch in Öl sollten Sie schon die Herren essen lassen, das war immer so Brauch.
Nun essen sie mit den Herren alles was man Gutes
finden kann." (Dr. Klaus Koniarek)

Die bäuerliche Küche unterschied sich von der herrschaftlichen dadurch, dass diese meistens ohne Fleisch auskommen musste.
Die Bauern aßen Brot, Getreidebrei, hauptsächlich aus Hafer und Gerste. Selten Hirse oder Dinkel, Rüben, verschiedenen Kohlsorten, Lauch, Rettich, Möhren, Zwiebeln, Kürbisse und Gurken, Fenchel, Salate, wie etwa Rapunzel, Erbsen, Linsen und dicke Bohnen.

Ein guter Indikator für Reichtum war die Farbe des Brotes. Je weißer das Brot, umso wohlhabender war der Esser.
In einigen Gegenden Deutschlandes wurde den Bauern sogar verboten, Weißbrot zu essen.
Selten gab es Geflügel. Rind war ausgeschlossen. Es diente der Milchproduktion und als Fleischreserve. An großen Festtagen oder Bauernhochzeiten kam dann auch mal Schweinefleisch auf den Tisch.
Wildbret war für die Bauern absolut tabu.

Fisch war eigentlich für die Herrschaften reserviert. Doch heimlich aßen die Bauern in der Fastenzeit, was Bäche und Teiche hergaben.

Die Oberschicht litt selten Mangel, denn mit dem, was die Bauern produzierten, wurden zuerst die Herren versorgt. Die Produzenten mussten sich mit dem kargen Rest begnügen und selbst diese Reste wurden von marodierenden Truppen beschlagnahmt oder gestohlen.

Kaninchen schlachten und ausnehmen

Sie werden sich sicher fragen, warum dieses Thema in einem Kriegsrezeptebuch steht, doch das hat einen triftigen Grund. Den Feldhasen gab es früher in freier Natur bedeutend öfter als heute. Er konnte ganz gut gefangen werden und somit eine Familie schon mal ein paar Tage mit Fleisch versorgen. Das Problem; Die Hasenjagd galt in weiten Teilen des Landes oft als Wilderei, musste also geheim bleiben.

Ein Kaninchen konnte man, wenn einem der Tierschutz egal war, auf engstem Raum halten. Selbst in der Stadt. Muss man nun jemanden bitten, den Hasen oder das Kaninchen zu schlachten, will der natürlich etwas abhaben. Also machte es schon irgendwie Sinn, dies selbst zu beherrschen.
Und wer weiß? Vielleicht brauchen wir diese Fähigkeit ja irgendwann auch einmal. Auf alle Fälle werden Sie durch dieses Wissen nicht dümmer.

Arbeitsmaterial:

- einen Stock (ca. 40cm lang, nicht stärker im Durchmesser als 4 cm und nicht dünner als 2 cm) oder besser noch ein Bolzenschussgerät
- ein scharfes, spitzes Messer

Arbeitserleichterung durch:

- ein Hängeholz

Das Holz sollte ca. 40cm lang und 2x2 cm stark sein. Die Enden werden so verjüngt, dass sie fast zu Spitzen auslaufen. An dieses Hängeholz wird in der Mitte ein Seil befestigt. Das sollte das Gewicht des Hasen und starken Zug aushalten. Das andere Ende des Seiles binden Sie an den starken Ast eines Baumes. Besser noch, man hat eine Stalltür, an der man Seil und Hängeholz befestigt.

- ein Paar Arbeitsböcke und ein Brett (dadurch rückengerechtes Arbeiten)
- einen Eimer Wasser (um zwischendurch auch mal die Hände oder das Messer abzuwaschen)
- einen alten Eimer (für das Gedärm)

Betäuben Sie das Tier, wenn Sie keinen Bolzenschussapparat besitzen, indem Sie das Kaninchen an den Hinterläufen festhalten. Der Kopf hängt dann nach unten. Mit einem gezielten Schlag in den Nacken wird das Kaninchen besinnungslos und Sie können ihm mit einem spitzen Messer die Gurgel und die Halsschlagader durchschneiden. Diese Art zu schlachten macht sich besser zu zweit. Das Betäuben mit dem Stock erfordert etwas Erfahrung. Für mich kommt diese Art, einem Hasen das Leben zu nehmen, nicht mehr in Frage, denn nicht immer trifft man gut. Dann fängt das Kaninchen an zu quieken und zappelt vielleicht , also eine Quälerei. Ganz oft ist dann auch das Schulterfleisch hämatomisiert, also nicht zu gebrauchen.

Eine wesentlich bessere Methode, das Tier zu töten, ist es, einen Bolzenschussapparat einzusetzen. Diesen gibt es für Rinder und Schweine mit Patronen. Mit Federzug in verschiedenen Straffegraden für Ziegen, Schafe, Hasen, Gänse und Enten.

Ich habe mir ein Bolzenschussgerät für Schafe und Ziegen gekauft, weil ich das Kaninchen gleich töten will. Es ist also genug Zug- und demzufolge auch genügend Druckkraft vorhanden, um dem Hasen sofort das Lebenslicht auszublasen.

Jetzt muss ich mein Kaninchen nur noch ins Gras setzen und vielleicht etwas festhalten, denn läuft es weg, benötigt man zusätzlich einen in der Aufzählung nicht erwähnten Kescher.

Sitzt der Hase im Gras denkt er. Na da schau her. Was ist denn heute los? Ist vielleicht Buffettag? Und schon ist es um ihn geschehen. Das Tier ist, wenn man es richtig macht, sofort tot.

Ein weiterer Vorteil: Ich kann alleine arbeiten.

Arbeitsschritte:

- Spannen Sie die Feder des Apparates und legen diesen neben ein spitzes Messer ins Gras.
- Knien Sie sich in Reichweite hin, während Sie den Hasen zwischen die Knie setzen und streicheln.
- Das Gehirn befindet sich zwischen den hinteren Enden der Augenschlitze.
- Das Gerät direkt auf dem Kopf des Tieres ansetzen und abdrükken.
- Meistens zuckt und zappelt das Tier noch ein wenig. Das sind Nervenreflexe.
- Arbeiten Sie ohne Hast.
- Ziehen Sie den Bolzen aus dem toten Tier.
- Stechen Sie mit einem spitzen Messer durch das Fell der Halsvorderseite (wirbelsäulennah) und durchschneiden dann Gurgel und Speiseröhre.
- Greifen Sie beide Hinterläufe, heben das Tier daran hoch und lassen es ausbluten.
- Durchtrennen Sie kurz über den untersten Gelenken der Beine das Fell durchgängig und zwar so, dass das Fleisch und die Achillessehnen zu sehen sind (Diese dürfen nicht verletzt werden! Die Achillessehne befindet sich an der Hinterseite des Hasenbeines und ist selbst durch das Fell gut tast- und greifbar.)
- Schieben Sie das Fell etwas hoch.
- Machen Sie mit dem spitzen Messer einen Stich zwischen Achillessehne und Haut und weiten Sie das Loch 2-3cm.
- Schieben Sie das Hängeholz durch die Löcher und hängen den Hasen am besten an einer alten Stalltür auf.
- Die Rückseite des Hasen berührt die Tür.
- Trennen Sie das Fell vom rechten bis zum linken Hinterlauf mit einem spitzen, scharfen Messer und versuchen Sie nicht ins Fleisch zu schneiden.
- Versuchen Sie durch Herunterziehen des Fells dieses vorsichtig vom Fleisch zu lösen. (Das erfordert manchmal Kraft und ist

erfahrungsgemäß vom Geschlecht des Kaninchens abhängig Rammler machen mehr Mühe.)

- Ziehen Sie das Fell soweit runter, bis es durch die Vorderläufchen gebremst wird.
- Schneiden Sie den Schwanz ab.
- Die Vorderfüße sind nun fast Fellfrei, aber Sie sind noch nicht in der Lage, die Vorderläufchen vom Fell zu befreien. Vorerst geht das Fell nicht weiter abzuziehen.
- Durchstechen Sie die Haut zwischen Fell und Fleisch in der Ellenbeuge mit dem spitzen Messer und stecken Sie den Finger durch das Loch. Jetzt können Sie gut zugreifen und die Vorderläufchen bis zu den Hasenpfoten abziehen.
- Mit einer Zange oder einer Baumschere schneiden Sie die Hasenpfoten ab und ziehen das Fell soweit nach unten, dass nur noch der Kopf fehlt.
- Wenn Sie es sich leicht machen wollen, schneiden Sie diesen einfach ab. Vergeuden Sie dabei aber nicht das Fleisch des Halses.
- Bedenken Sie, dass das Kaninchen, wie alle Lebewesen, ein Geschenk der Natur ist. Das heißt, wir sollten alles, was verwertbar ist, auch nutzen. Den Kopf kann man mit Suppengrün auskochen und aus seinem Fleisch sowie aus dem Fleisch der Vorderläufe und dem Brustkorb ein Frikassee bereiten. Zusätzlich hat man eine wundervolle Brühe
- Um das Fell vom Kopf zu bekommen, schneiden Sie vorsichtig mit Ihrem Messer schädelknochennah am Fell entlang. Arbeiten Sie sich Stück für Stück vom Halsansatz des Hasen bis zu seinem Oberkiefer vor. Um die Augen herauszuschälen, müssen Sie etwas tiefer gehen. Wenn Sie vorsichtig gearbeitet haben, besitzen Sie ein unversehrtes Fell, das zwischen den Beinen aufgeschnitten ist und an jedem Fuß ein Loch hat. Das ist natürlich in unserer heutigen Zeit nicht mehr zwingend notwendig, gehört aber der Vollständigkeit halber dazu.
- Das Fell kann nun, die Haut nach außen, über ein Brett gespannt und zum Trocknen aufgehängt werden.

Somit liefert uns das Kaninchen für 4 Personen:

1 x Vorsuppe
1 x Frikassee
1 x Braten

Zusätzlich hat man noch das Fell, welches zu Kleidungsstücken verarbeitet wird. Höchstwahrscheinlich nicht von Ihnen, aber wenn Sie das ausprobieren wollen, können Sie versuchen, das Fell zu gerben. Es gibt genügend Literatur.

Ausnehmen:

- Lassen Sie das Kaninchen an der Tür hängen und stellen dann einen Eimer unter den Hasen.
- Durchtrennen Sie mit dem spitzen Messer vorsichtig die Haut zwischen den Beinen.
- Sie beginnen ein kleines Stück unter dem Genitalbereich und schlitzen mit der scharfen Messerspitze die Haut soweit auf, dass Zeige- und Mittelfinger hineinpassen
- Die Außen- und Innenseite ist Ihrem Körper zugewandt. Die Finger sind leicht gespreizt.
- Diese beiden Finger sind der Abstandhalter zwischen Haut und Innereien. Dadurch verletzen Sie die Innereien nicht.
- Sie wandern dann unter der Haut in der gleichen Geschwindigkeit von oben nach unten wie Sie mit dem Messer die Haut zertrennen.
- Zeige- und Mittelfinger wandern unterhalb der Messerschneide, nur durch Haut getrennt, nach unten.
- Die Schneide zerteilt die Haut des Hasen.
- Oberhalb der Abstandhalterfingerhand fängt das Gedärm an herauszuquellen.
- Am Brustbeinknochen geht es nicht weiter.
- Magen und Därme hängen heraus.

- Durchtrennen Sie den Harnleiter kurz unter den Genitalien und nehmen Sie vorsichtig die Blase heraus. Sie erkennen diese gut, denn Sie sieht wie ein kleiner, durchsichtiger, mit Wasser gefüllter Luftballon aus (Durchmesser ca. 2-4 cm). Wenn das Kaninchen wenig getrunken hat, ist die Blase kleiner.
- Stecken Sie einen Finger von hinten in den After.
- Mit der anderen Hand ziehen Sie unterhalb des Beckens in Richtung Hasenkopf am Darm, denn so können Sie ihn gut lösen und er zerreißt nicht. Wenn ihre Finger rutschig sind nehmen Sie einen Zeitungsschnipsel zu Hilfe. Mit diesem greifen Sie dann den Darm.
- Lösen Sie den Darm und die Innereien vom Körper.
- Schneiden Sie den Magen ab. Sie erkennen ihn an seiner festen Konsistenz (etwa faustgroß).
- Die Innereien und das Fell wiegen fast soviel wie das Nutzfleisch.
- Suchen Sie an/in der Leber die Galle. Diese sieht wie eine winzige grüne Ampulle aus.
- Die dünnere Seite der Galle ist ihr Ein- und Ausgang.
- Dort etwa 1 cm entfernt mit der Messerspitze unter die weißen Gallengänge fahren. Diese setzen sich farblich gut von der rotbraunen Leberfarbe ab. Lassen Sie dann vorsichtig das Messer unter die Gallengänge gleiten. Mit dem Daumen drücken Sie diese dann auf die Messerspitze und lösen vorsichtig die Galle von der Leber, indem Sie ziehen. Verletzen Sie die Galle nicht.
- VORSICHT!!! Was mit Gallenflüssigkeit in Berührung kommt wird ungenießbar.
- Wenn Sie in den Brustkorb Richtung Kopf schauen sehen Sie eine Haut.
- Diese durchstechen Sie vorsichtig, dass das Gedärm unverletzt bleibt.
- Greifen Sie soweit wie möglich in den Brustkorb und versuchen Sie die Speiseröhre zu erwischen.
- Durch Herausziehen können Sie gleichzeitig das Herz und die Lunge entfernen.

- Die Lunge geben Sie der Katze oder dem Hund.
- Fell und Gedärm bringen Sie an einen Feldrain. Die Raubvögel werden sich freuen.
- Nehmen Sie nun das Kaninchen vom Hängeholz und schneiden die Füße ab. Das machen Sie am besten mit einer Gartenschere.
- Nun müssen Sie nur noch den Hasen waschen, die Nieren herausnehmen und gegebenenfalls einige verbliebene Tierhaare entfernen.